Simplemente Ciencia

Tecnología

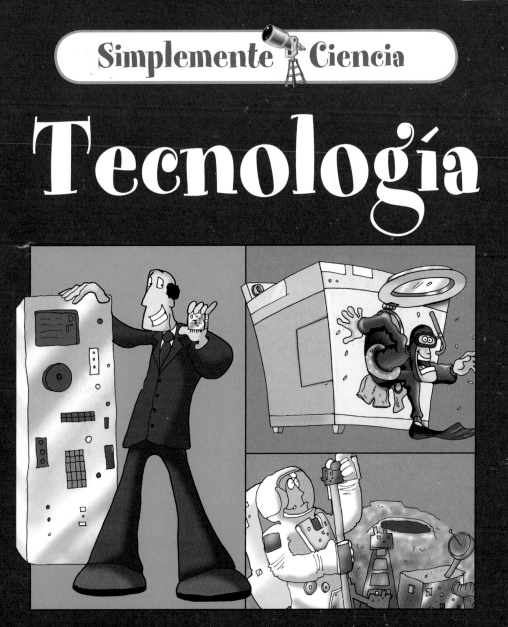

Gerry Bailey

Ilustraciones: Steve Boulter y Q2A Media

Simplemente Ciencia

Tecnología

Contenidos

¿Qué es la tecnología?	p. 4-5
La tecnología de casa	p. 6-7
El fax	p. 8-9
Dígitos	p. 10-11
El ordenador	p. 12-13
El microprocesador	p. 14-15
Salud de alta tecnología	p. 16-17

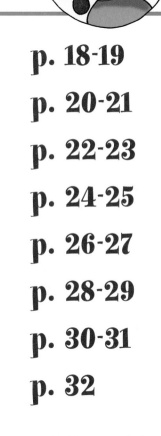

El teléfono móvil······································p. 18-19

Tecnología bélica·····································p. 20-21

El disco compacto···································p. 22-23

Nuevos horizontes···································p. 24-25

La web···p. 26-27

En el futuro···p. 28-29

Prueba de tecnología·····························p. 30-31

Índice···p. 32

¿Qué es la tecnología?

¿Te imaginas un mundo sin móviles o celulares, ni televisores, ni reproductores de CD/MP4? Quizá no, pero unos años atrás no existían. Son el resultado de invenciones y descubrimientos muy recientes. La ciencia que ayudó a hacer estos y otros muchos inventos se llama tecnología.

La tecnología nos sirve para...

...escuchar los últimos éxitos

...encontrar información en internet

...ver las películas que nos gustan

...calentar una comida en segundos

...hablar con gente de países lejanos

La tecnología de casa

Mira a tu alrededor. Es muy probable que en tu casa haya montones de aparatos que usas a diario sin pensar en ellos. Pero todos son producto de la tecnología, ¡hasta el tostador!

televisor de plasma

tostador

radio digital/ reproductor de MP3

cámara digital de vídeo

**horno de
microondas**

plancha

lavadora

Vamos a averiguar más cosas
sobre estos tipos de:

ordenadores o computadoras

señales digitales

microprocesadores

móviles o celulares

internet

**coche teledirigido o de
control remoto**

...y mucho más

El fax

El sistema de fax, abreviatura de *facsímile* (*copia exacta*), transmite textos, fotos o dibujos por la línea telefónica.

La máquina de fax contiene un dispositivo sensible a la luz, es decir, que distingue la cantidad de luz que sale de la superficie de un papel.

Si el papel contiene una imagen, el fax emisor ve las zonas claras y las oscuras, y transforma esas cantidades de luz en un código electrónico que envía a otro fax.

El fax receptor descodifica el mensaje e imprime las zonas claras y oscuras en otro papel.

1. Al principio las cartas, las fotos y cualquier otra información había que enviarla por correo. Y podía tardar siglos en llegar.

2. Un inventor hizo un aparato para transmitirlas por telégrafo, pero no funcionaba muy bien. ¡Una paloma mensajera lo hacía mejor!

Cartas por teléfono

3. Si las palabras y las imágenes pudieran transformarse en un código de impulsos eléctricos... ¡pero una fotocopiadora normal no era capaz!

4. Los científicos decidieron que sí era posible transformar las palabras en algún tipo de código electrónico.

5. Agilizaría mucho las cosas enviar cartas por teléfono. Solo había que unirlo a una fotocopiadora.

6. Y así nació el invento. Con los dos aparatos se hizo uno. La fotocopiadora convertía la carta en impulsos eléctricos y estos se enviaban por la línea telefónica a una máquina de fax situada al otro extremo. La máquina de facsímile pronto se conoció como telefax, o fax.

Dígitos

Quién hubiera pensado que nuestra tecnología dependería tan solo de dos números, el cero y el uno. Eso es todo lo que hace falta para programar el ordenador* más complicado o enviar los mejores sonidos e imágenes a tu televisor.

Dos dígitos

Nosotros expresamos las cantidades con la numeración decimal, es decir, con 10 números dígitos: de cero a nueve. Pero los ordenadores* hacen las cuentas con un sistema distinto: el BINARIO. *Binario* significa *formado por dos*, y eso es lo que hay en este sistema digital, dos dígitos: cero y uno.

*En Hispanoamérica, al ordenador se le conoce con el nombre de *computadora*.

10

Códigos

No puedes mandar tu voz real por un teléfono ni la foto verdadera por un ordenador*, pero puedes traducir los sonidos de tu voz o los colores de la foto a un código especial. Ese código se transforma en una serie de impulsos eléctricos que viajan por cables o por medio de las ondas sonoras que emite una antena.

Un código que copia

Las primeras máquinas tecnológicas aplicaban un código llamado analógico. *Análogo* significa *parecido*. Así que los sonidos o impulsos eléctricos eran parecidos a una voz o a las zonas claras y oscuras de una foto.

Tecnología digital

Las máquinas actuales utilizan el sistema digital del cero y el uno. Eso significa que tu voz o la foto se traducen a un código digital de ceros y unos. Tu nombre, por ejemplo, sería una fila de ceros y unos. El dígito uno se convierte en impulso eléctrico o en onda sonora, y el cero es un espacio en blanco.

El ordenador

El ordenador es una máquina electrónica capaz de grabar y recordar información muy deprisa.

En ella se introduce un trabajo, normalmente por medio del teclado, y una pantalla muestra la información. Esta se almacena después en la memoria de la máquina.

Si unimos nuestros cerebros, seguro que inventamos un ordenador más pequeño.

Un cerebro electrónico

1. Los primeros ordenadores, construidos a principios del siglo XX, ocupaban mucho espacio. Estaban llenos de válvulas de vacío y otras piezas muy grandes. Además, eran muy caros. Solo los gobiernos y las grandes compañías podían permitírselos.

2. Las cosas cambiaron en 1947 con el invento del transistor, pero los ordenadores seguían siendo demasiado grandes para una habitación.

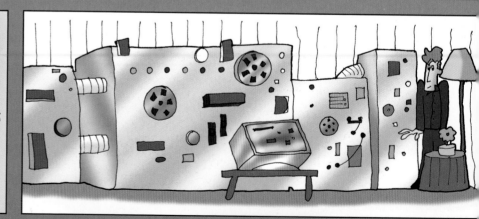

El ordenador personal

En la actualidad todos podemos usar un ordenador que cabe en nuestro escritorio, porque funciona con un microprocesador. El ordenador personal contiene diferentes programas para hacer distintas tareas. Los programas más populares son los procesadores de textos, ya que ayudan a realizar cualquier tipo de documento, ¡como este libro!

3. Eran grandes hasta para una casa.

4. Entonces, en 1958, se inventó el chip de silicio. Este ordenador diminuto, o microprocesador, contenía un circuito entero en un espacio minúsculo, y el ordenador funcionaba con un puñado de chips.

5. En 1977 Steven Jobs y Stephen Wozniak construyeron un ordenador personal barato. Era el Apple II, uno de los mejores inventos de la historia.

El microprocesador

El microprocesador es
un tipo de chip, y la parte más
pequeña de la máquina, que
lleva a cabo las instrucciones
de un programa de ordenador.

Hay microprocesadores en muchos
aparatos: los relojes digitales,
los juegos de ordenador o
los hornos de microondas.

Algunos aparatos, incluyendo
los ordenadores grandes, contienen
más de un microprocesador.

El microprocesador
solo va mal si uno
de los programas
se infecta con un
error llamado virus.

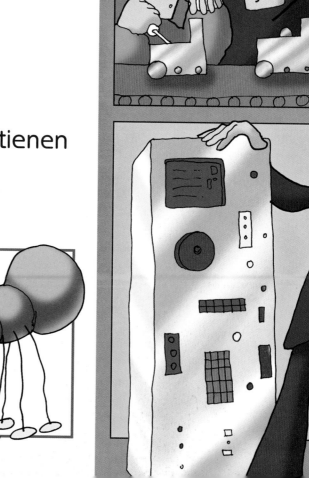

Chips trabajando

1. Los primeros microprocesadores se fabricaron para misiles y satélites, no para aparatos normales como las lavadoras. Pero los fabricantes de electrodomésticos querían usarlos para mejorar sus productos.

2. Además, los microprocesadores ahorraban dinero. P. ej., para ciertas labores, los robots computarizados eran mucho más baratos y fiables que los humanos.

3. Con el tiempo, los ordenadores grandes fueron sustituidos por otros pequeños controlados por microprocesadores.

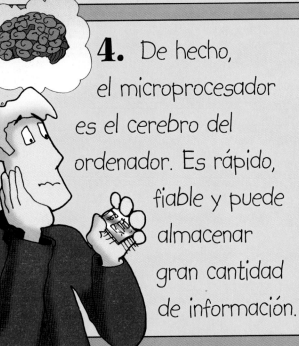

4. De hecho, el microprocesador es el cerebro del ordenador. Es rápido, fiable y puede almacenar gran cantidad de información.

5. Los microprocesadores actuales son aún más potentes, y almacenan datos valiosos. Son fundamentales en la gestión de empresas.

Salud de alta tecnología

Gracias a la tecnología se han creado también maravillosas máquinas para que en los hospitales cuiden de nuestra salud. Entre ellas se encuentra una que lee nuestro cerebro y otra que registra nuestros latidos.

TAC

TAC son las siglas de *tomografía axial computarizada*. Las TAC son fotografías del interior del cuerpo, incluido el cerebro. El escáner (el aparato) emite rayos X muy finos para obtener esa información, que se envía a un ordenador. Con una TAC se puede saber si tu cerebro está lesionado o enfermo.

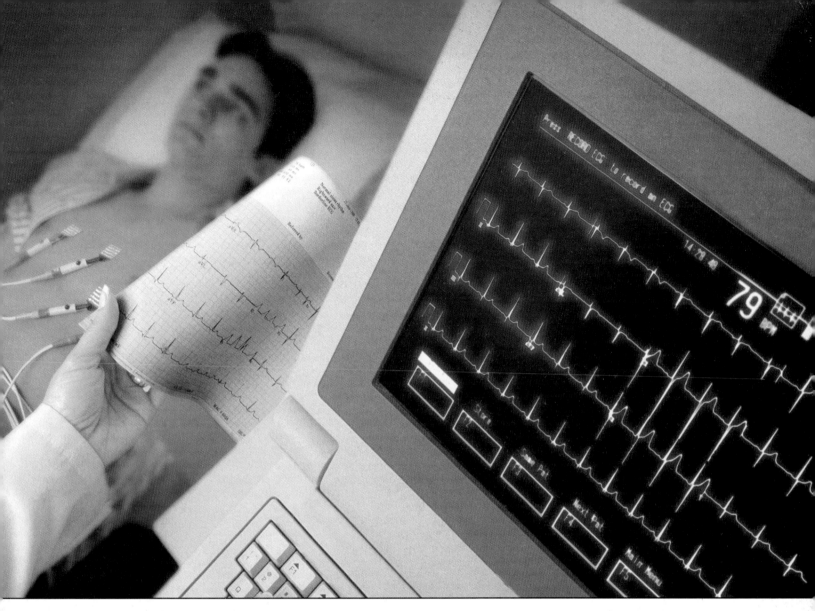

Electrocardiógrafo

Esta máquina registra
lo que ocurre en el corazón,
aprovechando que antes
de cada latido un impulso
eléctrico diminuto recorre el
músculo cardiaco.
El electrocardiógrafo graba
esos impulsos y los imprime
como líneas en un gráfico
llamado electrocardiograma;
después el médico
compara ese gráfico
con uno normal
para saber si hay
algo extraño.

17

El teléfono móvil

El móvil o celular es un aparato que transmite los mensajes por señales radioeléctricas en lugar de por cables. Las señales son recibidas y emitidas por grandes antenas situadas en el campo o las ciudades.

Hablar sin cables

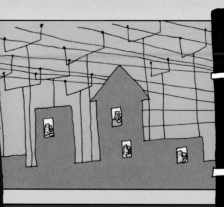

1. No hace mucho los teléfonos estaban unidos a cables, o sea que, por ejemplo, ¡era muy difícil hablar desde la playa!

2. Los primeros cables telefónicos aéreos eran gruesos y afeaban el paisaje.
Por suerte, se inventaron otros que soportaban muchas señales simultáneas y, en consecuencia, su número se redujo.

El sistema

El sistema de telefonía móvil dispone de una red de estaciones base (torres de antenas receptoras y emisoras) que cubren zonas geográficas contiguas. La estación base recibe las llamadas y las transmite a otras estaciones.

3. Sin embargo, a pesar de inventos como las centrales automáticas y los teléfonos con teclas, los aparatos seguían necesitando cables.

4. Los científicos propusieron el uso de ondas radioeléctricas en lugar de cables, e hicieron posibles los teléfonos portátiles; aunque al principio había que estar cerca del emisor para captar la señal.

5. En la actualidad hay antenas (estaciones base) por todas partes. Como cada una cubre una zona pequeña, si se sale de una zona mientras se habla, la antena siguiente mantiene la comunicación.

Tecnología bélica

El desarrollo de la tecnología está muy ligado al deseo de mejorar el armamento y las comunicaciones militares. Los ejércitos modernos saben que, si quieren vencer al enemigo, deben estar a la última.

Misiles teledirigidos

Estos misiles llevan una ojiva explosiva, y se guían desde tierra, un barco o un avión.

TERCOM

Algunos misiles usan un sistema de navegación llamado TERCOM (comparación del terreno). Toma fotos del terreno a intervalos regulares y las compara con los mapas de su memoria; si no coinciden, él mismo corrige el rumbo.

Módem de dispersión troposférica

Este aparato comunica lugares situados más allá del alcance de las ondas radioeléctricas. Lanza las ondas a la troposfera, donde se propagan por dispersión gracias a las propiedades físicas de esta capa de la atmósfera. Funciona sin necesidad de satélites.

Esta unidad de artillería del ejército británico apunta sus cañones por medio de un ordenador y unos mapas.

Balística

Los expertos en balística estudian con ordenadores la trayectoria de los proyectiles. Para lograr que un proyectil alcance su objetivo, tienen en cuenta tanto el efecto de la gravedad como la resistencia del viento.

El disco compacto

El disco compacto, o CD, es un disco de plástico recubierto de un metal llamado aluminio.

Se utiliza sobre todo para guardar música, ya que almacena más de 80 minutos de sonido. Este se graba en la espiral del disco que, en vez de consistir en los antiguos surcos, consiste en una serie de hendiduras llamadas hoyos; las superficies planas entre hoyos se llaman mesetas. El láser del reproductor de CD lee esa espiral de mesetas y hoyos, y transforma la luz que reflejan en señales eléctricas que producen sonido.

1. Los primeros reproductores de discos, o fonógrafos, hicieron posible que la gente escuchara música en casa. Sin embargo, la calidad del sonido era pobre porque estaba grabado en un cilindro.

De luz a sonido

2. Después llegó el disco, y el gramófono. Los primeros discos eran de laca, una resina producida por insectos.

3. Por suerte para los insectos, los discos de vinilo (un plástico duro) sustituyeron pronto a los de laca. El sonido se almacenaba en surcos, o hendiduras, circulares.

4. Pero seguía habiendo ruidos de fondo. Para resolverlo, los inventores estudiaron la tecnología del láser, un tipo de luz. Un haz de luz láser podía actuar como una aguja, y los hoyos del disco sustituir a los surcos.

5. Cada vez que el láser incide sobre un hoyo, envía distintas señales eléctricas, y estas se transforman en sonidos.

Nuevos horizontes

La tecnología nos ha permitido explorar nuevos lugares como el espacio o el océano. Los ordenadores han enviado astronautas a la luna, y los sumergibles pueden estudiar los naufragios y la vida submarina.

Realidad virtual

Tú puedes descubrir sitios realmente desconocidos. ¿Imposible? No, debido a la realidad virtual. El ordenador crea para ti un mundo completo. ¡Puedes luchar contra dragones o visitar el centro de la Tierra!

El sumergible

Muchos de los sumergibles actuales navegan por control remoto. Gracias a los ordenadores y las cámaras digitales, los buzos no necesitan nadar en zonas peligrosas o demasiado profundas.

Radiotelescopio

Este instrumento detecta las ondas
radioeléctricas del espacio,
las transforma en señales, y registra
su fuerza y su modo de propagarse.
Después un ordenador indica de dónde
proceden y qué astro
las origina.

Espectrógrafo

Este aparato
descompone
la luz que emite
un cuerpo celeste
para obtener su
espectro luminoso,
ya que este
proporciona
la composición
del astro.

Interconexión mundial

1. En la década 1960-1970, el ejército de EE. UU. quería idear un sistema de comunicación que sobreviviera a un ataque masivo.

2. Eso encantó a los científicos, que se empeñaron en lograr una red de ordenadores que "hablaran" entre sí.

Desarrollaron un sistema conocido como ARPAnet. Permitía que los ordenadores de cuatro universidades estadounidenses se comunicaran entre sí.

3. Por supuesto, todos quisieron unirse: ¡crear una súper interconexión!

4. La idea de que una red gigante uniera todas las pequeñas redes del mundo era emocionante. Cuando se hizo realidad, a esa inmensa y nueva red de interconexión se la llamó internet.

5. Entonces un experto en informática llamado Tim Berners-Lee escribió un programa de *software* que permitía enviar sonidos e imágenes por todo el mundo.

La web

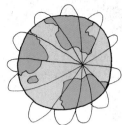

La web, o *World Wide Web*, es la red de información disponible en la red de ordenadores llamada internet. Consta de direcciones electrónicas, o páginas web.

La web equivale a una inmensa enciclopedia. Proporciona textos, sonidos e imágenes de innumerables temas; también es útil para crear proyectos de diseño, audio y vídeo.

En el futuro

La tecnología que nos rodea es sorprendente, pero, ¿qué nos deparará el futuro? Algunos aparatos dan pistas de cómo serán las cosas.

Comunicador universal

Los móviles del futuro serán capaces de traducir las llamadas a cualquier idioma. Más adelante, la tecnología radioeléctrica o lumínica nos permitirá hablar por teléfono con extraterrestres, ¡si los hay!

HMD

HMD son las siglas de *head mounted display* (casco virtual) y se trata de un casco con pantallas de ordenador. Se usan en el ejército para los simuladores de vuelo y en los juegos de realidad virtual. Quizás algún día los llevaremos para ver un programa de televisión, en vez de mirar la anticuada pantalla de la tele.

Coche volador

Los coches voladores serían de dos plazas. Despegarías de un campo cercano a tu casa e irías donde quisieras. Al aterrizar, plegarías las alas de tu vehículo y seguirías por carretera, como si fueras en coche.

Mochila propulsora

En la ceremonia de apertura de los Juegos Olímpicos de 1984, en Los Ángeles, un hombre voló con mochila propulsora, pero las botellas de combustible pesan y no se llega lejos… por ahora.

Campos de fuerza

En la ciencia ficción, el campo de fuerza, o escudo protector, es una barrera de energía que protege a los vehículos de los ataques.

Los cerebritos acaban de inventar un escudo eléctrico que protege a los carros blindados de las granadas anticarro, ya que vaporiza los proyectiles antes de que alcancen la carrocería del vehículo.

Prueba de tecnología

1. ¿Qué red de información equivale a una inmensa enciclopedia?

2. ¿Con qué aparato se analiza la luz de los astros?

3. ¿Cómo se reproduce el sonido de un CD?

4. ¿Cómo se llama el pequeño chip de un ordenador?

5. ¿Desde dónde se puede controlar un misil teledirigido?

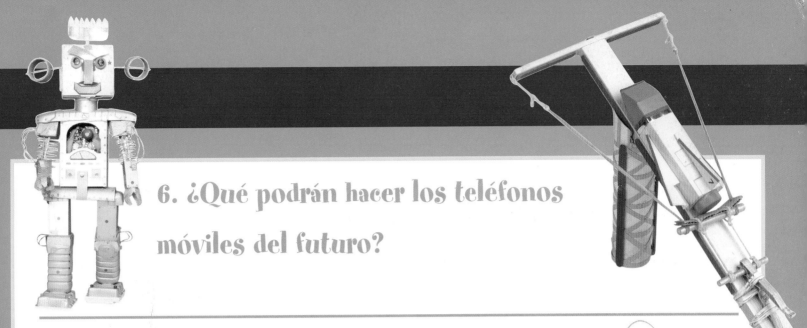

6. ¿Qué podrán hacer los teléfonos móviles del futuro?

7. ¿Con qué técnica se puede ver el cerebro?

8. ¿Qué tipo de animales sirvieron para hacer los primeros discos?

9. ¿Qué máquina tiene un dispositivo sensible a la luz?

10. ¿Qué revisa un electrocardiógrafo?

1. La web 2. Con un espectrógrafo 3. Un láser lee los hoyos y las mesetas de la superficie 4. Microprocesador 5. Desde tierra, un barco o un avión 6. Traducir idiomas 7. Con una TAC 8. Insectos 9. El fax 10. Tu corazón

Índice

aluminio **22**
analógico **11**
antena **11, 18, 19**
ARPAnet **26**
balística **21**
binario **10**
cámara digital de vídeo **6**
campo de fuerza **29**
casco virtual (HMD) **28**
chip de silicio **13**
coche teledirigido **7**
coche volador **29**
código electrónico **8, 9**
decimal **10**
dígitos **10, 11**
disco compacto (CD) **22**
disco de vinilo **23**
electrocardiógrafo **17**
espectrógrafo **25**
estación base **19**
facsímile (fax) **8, 9**
fonógrafo **22**
fotocopiadora **9**
gramófono **23**
horno de microondas **7**
internet **4, 7, 27**
laca **23**
láser **22, 23**
lavadora **7, 15**

microprocesador **13-15**
misil teledirigido **15, 20**
mochila propulsora **29**
módem de dispersión
   troposférica **20**
ojiva **20**
ordenador personal o
   computadora **13**
ordenador o
   computadora **10-15, 21,
   24-28**
ordenadores Apple **13**
plancha **7**
radio digital **6**
radiotelescopio **25**
rayos X **16**
realidad virtual **24, 28**
reproductor MP3 **6**
reproductor MP4 **4, 7**
software **27**
Stephen Wozniak **13**
Steven Jobs **13**
sumergible **24**
TAC **16**
tecnología digital **11-15**
teléfono **9, 11, 18, 19**
teléfono móvil o celular
   18, 19
telégrafo **8**

televisor de plasma **6**
TERCOM **20**
Tim Berners-Lee **27**
tostador **6**
transistor **12**
virus de ordenador **14**
World Wide Web
   (la web) **27**